Viollet Leduc del.

Blanchard lith.

A. Mayer del. — Lith. Thierry frères, Paris — J. Jaccottet lith.

Restes d'une voie romaine à Vienne.

Dauphiné

Restes de murs Romains soutenant les terres le long de la Rivière de Gère à Vienne.

Dauphiné

C. Sallerin del. — Imp. par Lemercier, à Paris — Victor Petit lith.

Restes du mur d'Échiffre d'un grand Escalier Romain, montant de la ville basse à la ville haute, à Vienne.

Dauphiné

Restes des Portiques du Forum à Vienne.

Portail de la Cathédrale de Vienne.
Dauphiné.

3.

2.

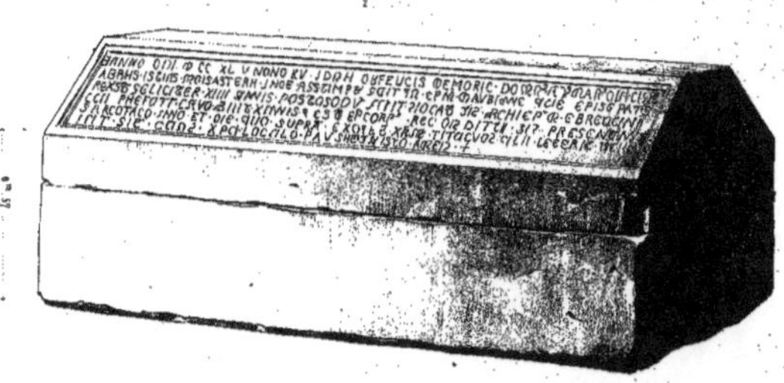

1.

Nicolle Sculp.   Lith. de Thierry frères   Durand del.

1 et 2 TOMBEAUX DANS LA CATHÉDRALE DE VIENNE

3 BAPTISTÈRE DÉPOSÉ DANS UN JARDIN PARTICULIER

Dauphiné.

Saint Maurice de Vienne.

Isère, arrond[t] de Vienne

Portail de droite de la façade de S.t Maurice de Vienne

Dauphiné

Portail de droite de S.t Maurice de Vienne.

Dauphiné

S.t Pierre del. | Lith Thierry frères Paris | Stéphen Martin, lith. 1844.

Une des Portes Latérales de l'Église S.t Maurice à Vienne,

Dauphiné

St Maurice à Vienne

Dauphiné

Turpenne del. — Imp. par Lemercier, à Paris. — Bachelier lith. 1843

St Maurice à Vienne.

Dauphiné.

Vitraux de la Nef latérale de droite.

H. Le Scalp. — Lith. de Thierry frères. — Tirpenne del. 1841.

S.t Maurice de Vienne.

Dauphiné

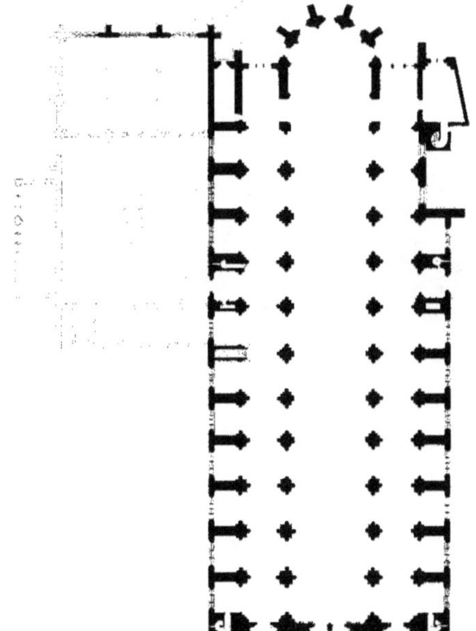

Église de l'Abbaye de St Pierre à Vienne.

Lith. Thierry frères, Paris.

Porche de l'Église de l'Abbaye de St Pierre, de Vienne

Dauphiné

Chapelle de Notre Dame dépendant de l'Abbaye de St Pierre à Vienne

Victor Petit lith. — Imp. par Thierry frères — Stillière Edit.

Intérieur de l'Église de Saint-André-le-Bas à Vienne

Dauphiné

Lith. de Thierry Frères

Temple d'Auguste à Vienne

Musée dans l'Ancien Temple d'Auguste à Vienne.

Dauphiné

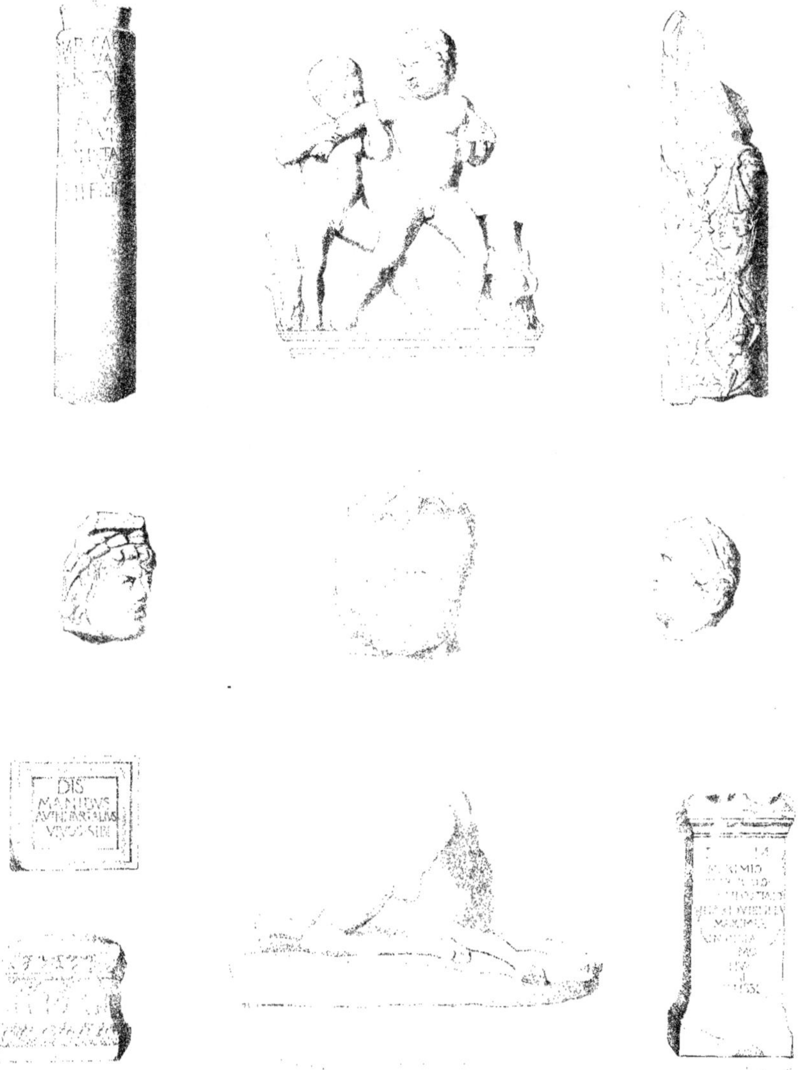
DIS
MANIBVS
VIVOS SIBI

D M
IOVI
FVIGVRI
FVIMINI

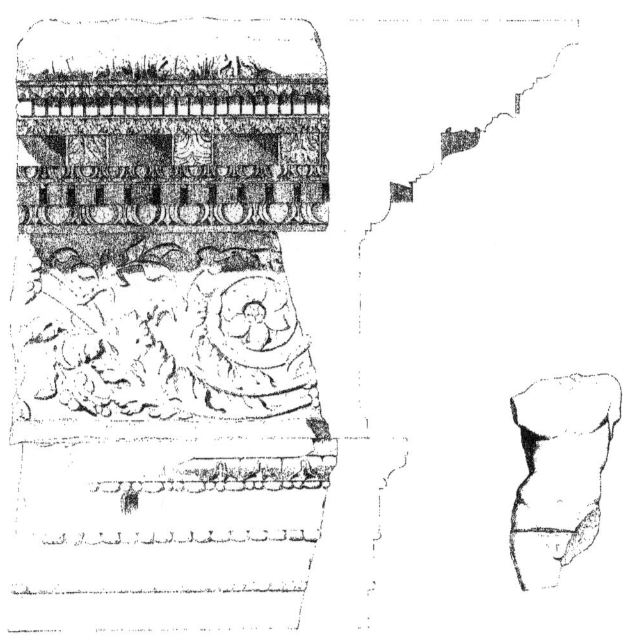

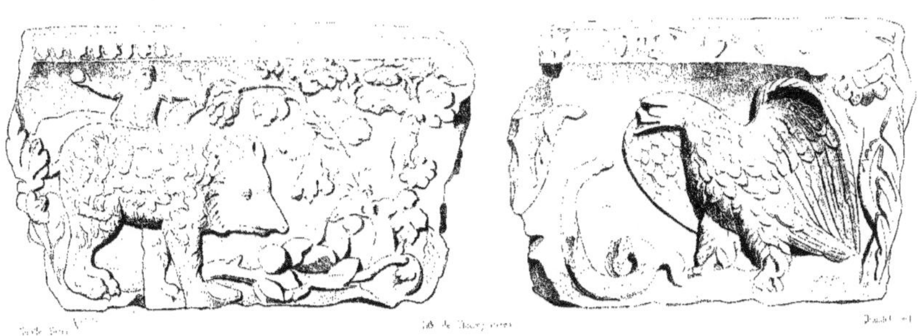

Fragmens antiques dans le Musée de Vienne

(Dauphiné)

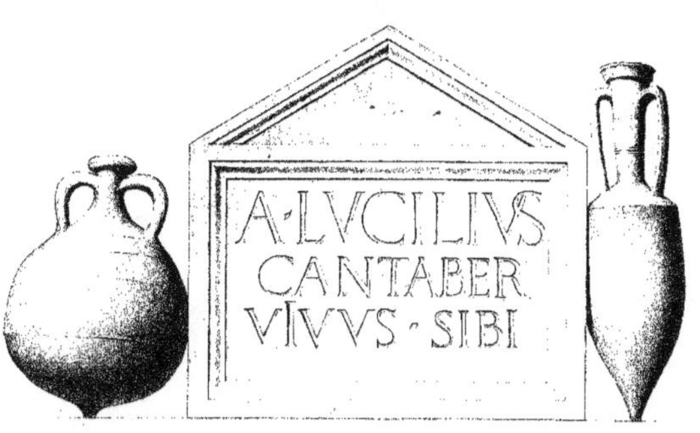
A·LVCILIVS
CANTABER
VIVVS · SIBI

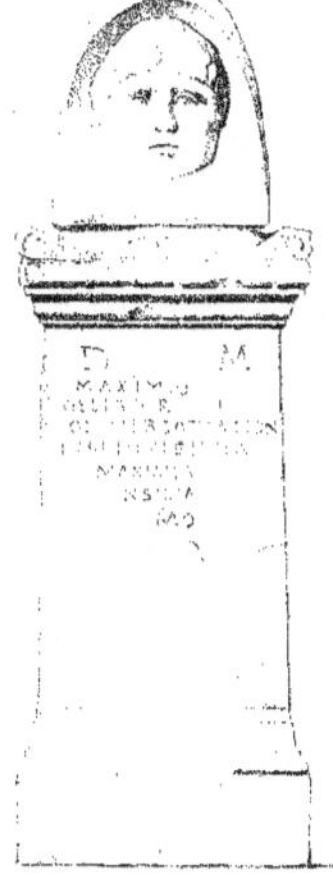
D M

ASIATICA
NI · ET
DEM·COR
PORE·SVNT
CERVNT

C. Stillière del. — Imp. par Thierry frères — Victor Petit lith.

Maison de la Rue des Orfèvres à Vienne.

(Dauphiné)

Porte de l'Ancienne maison du Chanoine Claude de la Lièvre

Porte dans la cour d'une Maison de la grande rue

Porte dans l'Ancienne abbaye de St Pierre

Vienne

Dauphiné

Monument antique vulgairement appelé Tombeau de Pilate à Vienne

Tour de Pinet

Dauphiné

Lith. Thierry Frères. Salomon del.

Chapelle de St Gervaise.

(Maurienne)

Le Lac de Paladru

Dauphiné

Aug. Mathieu lith. fig. par Bayot | Imp. par Thierry Frères | Sabatier del.

Église de l'Abbaye St Antoine.

(Dauphiné)

Victor Petit lith.

Grand Portail de St Antoine.

(Dauphiné)

ÉGLISE DE L'ABBAYE DE St ANTOINE

Dauphiné.

Eglise de l'Abbaye St. Antoine.

(Dauphiné)

Détails des Tribunes de la nef de l'Église abbatiale de St Antoine.

Dauphiné

Abbaye St. Antoine, tribunes du chœur

Eug. Kalhun Sculp. — *Détails des Tribunes* — Lith. de Thierry frères.

Dauphiné

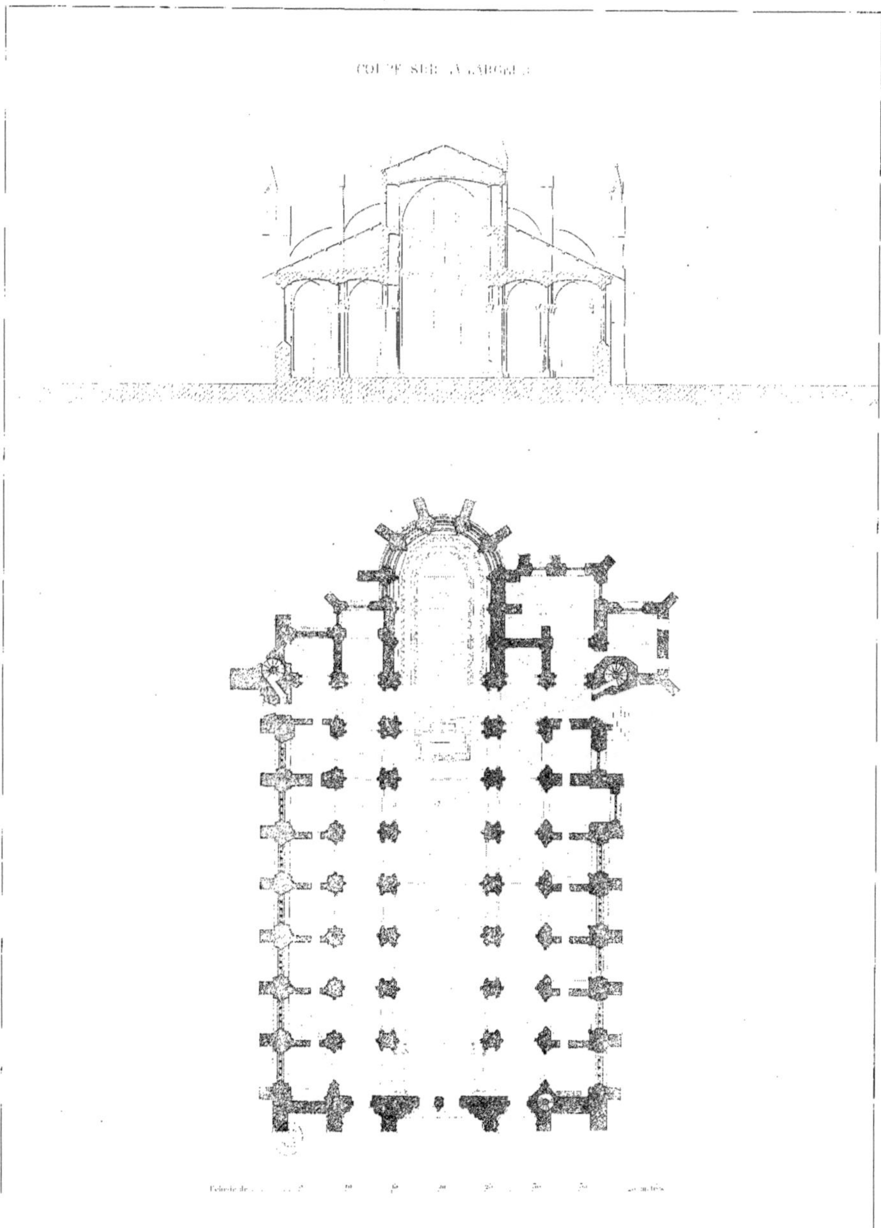

PLAN DE L'ÉGLISE [illegible] S^T ANTOINE

COUPE LONGITUDINALE.

FRAGMENT DE LA FACE LATERALE.

STALLES DU CHŒUR.

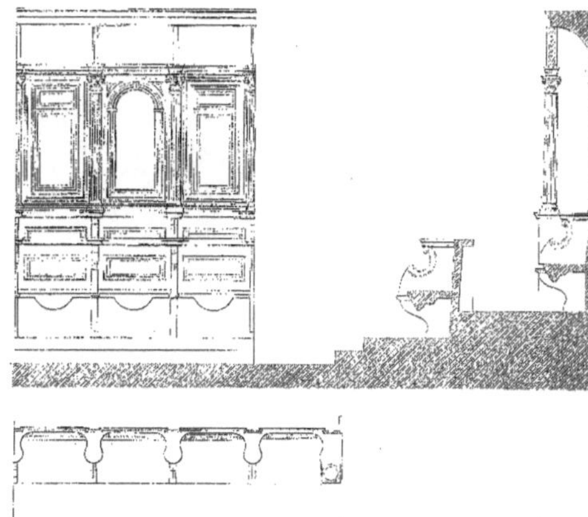

COUPE ET DETAILS DE L'ABBAYE DE St ANTOINE.

Dauphiné

Imp. par Thierry Frères — Sabatier del.

Beauvoir Ruines du Chateau des Dauphins

Dauphiné

Château de Sone.

Dauphiné

Pont-en-Royans
Dauphiné

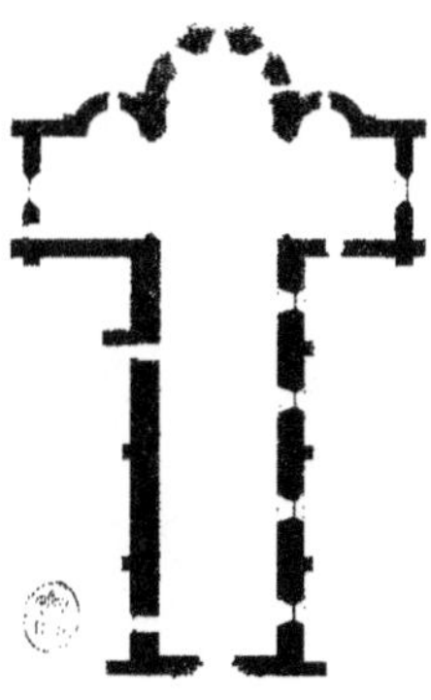

Eug. Ciceri Sculpt. — Lith. de Thierry frères. — Sabatier del.

Grenoble.

Dauphiné

Lith. de Thierry Frères — Victor Petit lith.

Tombeau de l'Évêque Chissay. 1407.

Dauphiné

Église Notre-Dame de Grenoble

Dauphiné

Exposition du S.t Sacrement

Église Notre-Dame de Grenoble

Église S.t André à Grenoble.

Crypte de la Chapelle St Laurent à Grenoble.

Perspective.

Plafond du Palais de Justice, Grenoble.

Grande Chartreuse

Office de nuit au Couvent de la grande Chartreuse.

Dauphiné

Cloitre de la grande Chartreuse

Dauphiné

Réfectoire de la grande Chartreuse

Dauphiné

Eugᵉ Cicéri lith. Fig. — Lith. de Thierry frères, à Paris. — Sabatier del.

Sommet du Grand-Som. - Désert de la Grande Chartreuse.

Dauphiné

Forêt du Grand-Som
désert de la grande Chartreuse
-Dauphiné-

Voreppe, Vallée de Graisivaudan.

Dauphiné

Sabatier del.

Chateau de la Combe de Lancey (Vallée de Graisivaudan.)

Fort Barraux, Entrée de la Vallée de Graisivaudan du côté de la Savoie

Dauphiné

Cascade de Sassenage.
Dauphiné.

Eug. Cicéri Sculp. — lith. de Thierry frères. — Sabatier. del.

Entrée des Cuves de Sassenage

Dauphiné

Château de Lesdiguières à Vizille

(Dauphiné)

Chateau de Lesdiguières. Vizille
Dauphiné.

Grande porte de Château [illegible]

Dauphiné

Eug. Cicéri lith.

Lacs de Lafrey.

Dauphiné

Lith. de Thierry frères

Tour de Champ.

Dauphiné

Château d'Uriage.

Dauphiné

Ruines de l'Abbaye de Prémol

La Tour sans Venin.
Dauphiné.

Imp par Thierry frères

Entrée de la Gorge d'Allevard

Dauphiné

Le Bout du Monde. Gorge d'Allevard.

Dauphiné.

Route d'Allevard à la Montagne des 7 Lacs.

Tour de Crest.

Pontcharra. Château de Bayard.
Dauphiné.

Imprimé par C. Hullmandel.

Grande route de Grenoble au Bourg-d'Oisans

Imp. par Thierry frères

Vallée du Bourg d'Oisans.

Dauphiné

Dessiné d'après nature & lith. par Sabatier

Imprimé par Lemercier

Vallée du Bourg-d'Oisans.

Dauphiné.

La Bérarde (montagnes de l'Oisans)

Dauphiné

Imp. par Thierry frères

Hautes Montagnes de l'Oisans

Dauphiné.

Le Sommet de la Muzelle et l'aiguille des Sorciers (Montagnes de l'Oisans)

Dauphiné

La rivière du Diable

dessiné d'après nature et lith. par L. Sabatier.

Imprimé par Lemercier, à Paris.

Lac Lauvitel ; montagnes de l'Oisans.

Dauphiné.

Route du Bourg d'Oisans à Lagrave.

Dauphiné

La Dent de Gargantua St Egrève.

Sommet de la montagne des sept Lacs.

Dauphiné

Tombeau de Lesdiguières à Gap

Ruines du Chateau de Tallard.

(Dauphiné).

Entrée du Château de Tallard.

Dauphiné

Ruines du Château de Tallard,

La Chapelle

(Hautes-Alpes)

Le Casset. Vallée du Monêtier.

Dauphiné.

Serres

Dauphiné

Dessiné d'après nature et lith. par L. Sabatier — Imp. par Lemercier à Paris.

La Bessée _ Route d'Embrun à Briançon.

Dauphiné.

Briançon de la route d'Embrun

(Dauphiné)

Les Forts de Briançon

Hospice du Lautaret (Briançonnais).

Dauphiné

Cascade des Fraux près la Grave-en-Oisans

Dauphiné

Imp. par Lemercier à Paris

Route de Lagrave à Briançon. Montagnes de l'Oisans.

Dauphiné.

Glacier de la Grave-en-Oisans

Dauphiné

Sommet du glacier de la Grave. Montagnes de l'Oisans

Dauphiné

La Grave-en-Oisans

Le mont Genèvre. Route de Briançon à Turin

Tempête

Le Vigneaux. Vallée de Vallouise

Dauphiné

Glacier d'Alle-froide, extrémité de la Vallée de Vallouise

Dauphiné

Imprimé par Lemercier

La chûte du Gyr, dans la gorge d'Alle-froide.

Dauphiné

Dessiné d'après nature et lith. par J. Sabatier

Imp. Lemercier à Paris

Le mont Pelvoux

Vallée de Vallouise Briançonnais.

Dauphiné

Imp. par Lemercier

Le Pelvoux. Val-Louise.

Dauphiné

Restes de la muraille qui défendait l'entrée de la Vallée de Vallouise

Dauphiné

Allefroide. Val Louise.

Dauphiné

Imprimé par Lemercier à Paris.

La Baume-des-Vaudois, ou le Rocher Chapelue

Dauphiné

Sabatier del.

[illegible]

Lac de l'Echauda

Dauphiné

Lith. de Thierry frères Paris.

Chateau du Queyraz.

Dauphiné

Château du Quéras

Dauphiné

Le Mont Viso extrémité de la vallée de Queyras

Dauphiné

Le Pas de la mort

Campan

Ancienne Tour de la Cathédrale de Valence

Dauphiné

Aug. Mathieu lith. | Imp. par Thierry frères | Sabatier del.

Église St Apollinaire de Valence.

Pompéïen

Eglise S.t Apollinaire de Valence, bas côté.

Dauphiné

Maison du XVe siècle, grande rue de Valence

Dauphiné

Détails de la Grande Maison de la rue de Valence.

Dauphiné

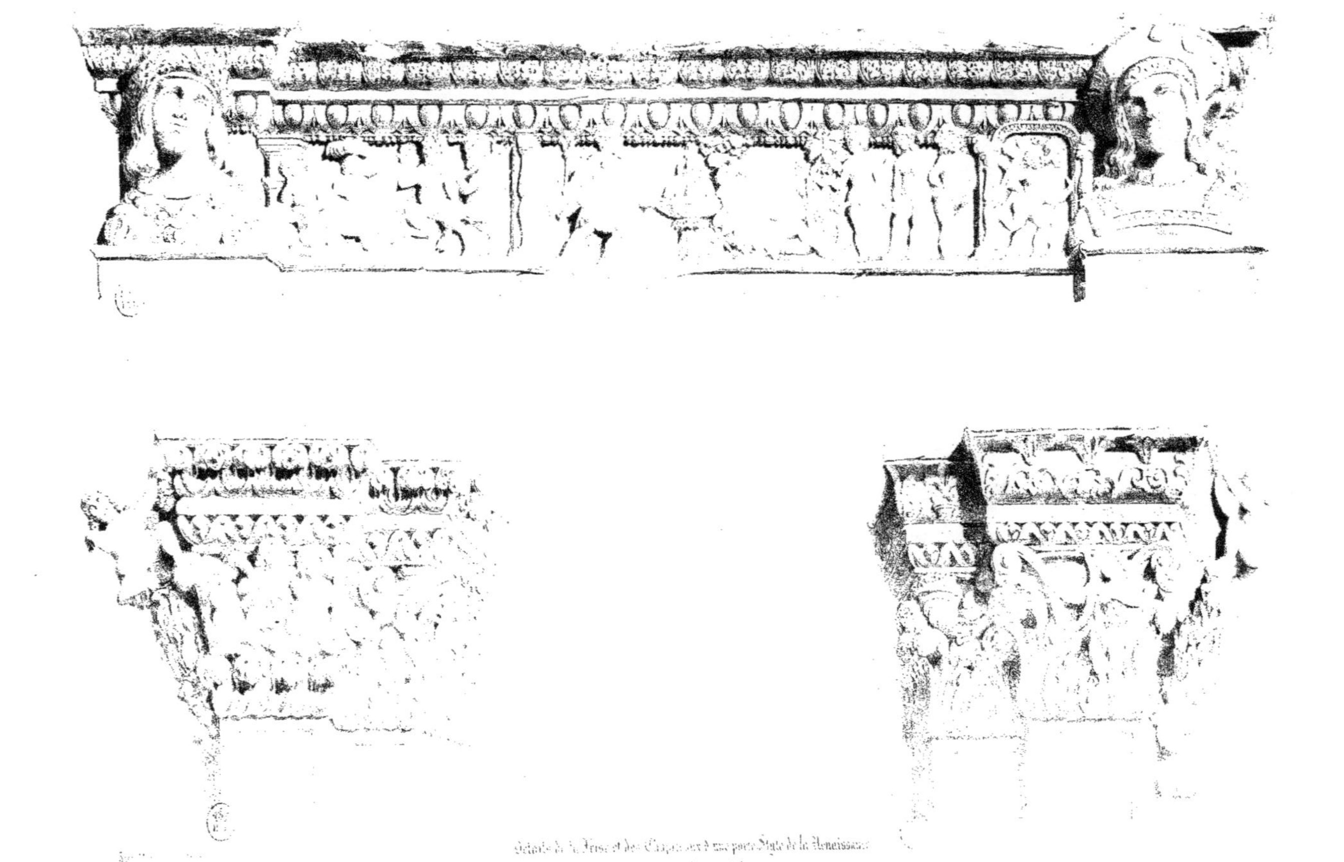

Détails de la Frise et des Chapiteaux d'une porte Style de la Renaissance

Intérieur d'une Maison à Valence.

Bergame.

Lith. de Thierry frères — Victor Petit lith.

Porte d'Esraker à Valence

Dauphiné

Ch. [illegible] del. Lith. de Thierry frères [illegible] lith.

Porte principale de l'Eglise St. Barnard à Romans.

Dauphiné

ÉGLISE S.T BARNARD A ROMANS

Dauphiné

Porte latérale extérieure indiquée B au plan.

Détail de la portion D du cloître.

Porte latérale intérieure indiquée C.

Détails de l'Église St Barnard à Romans
Dauphiné.

Abbaye de St Barnard à Romans.

Dauphiné

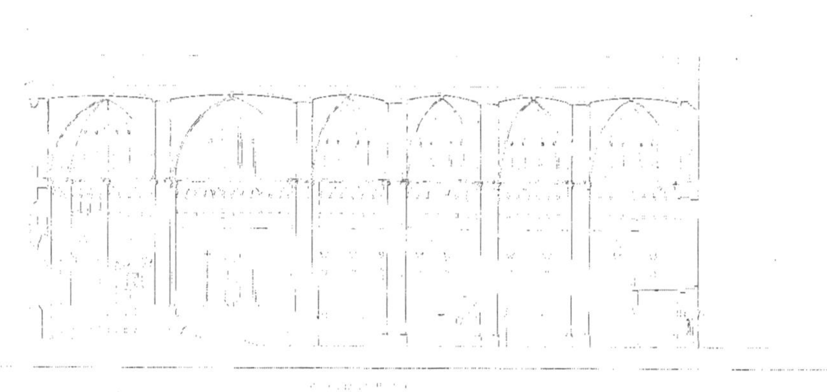

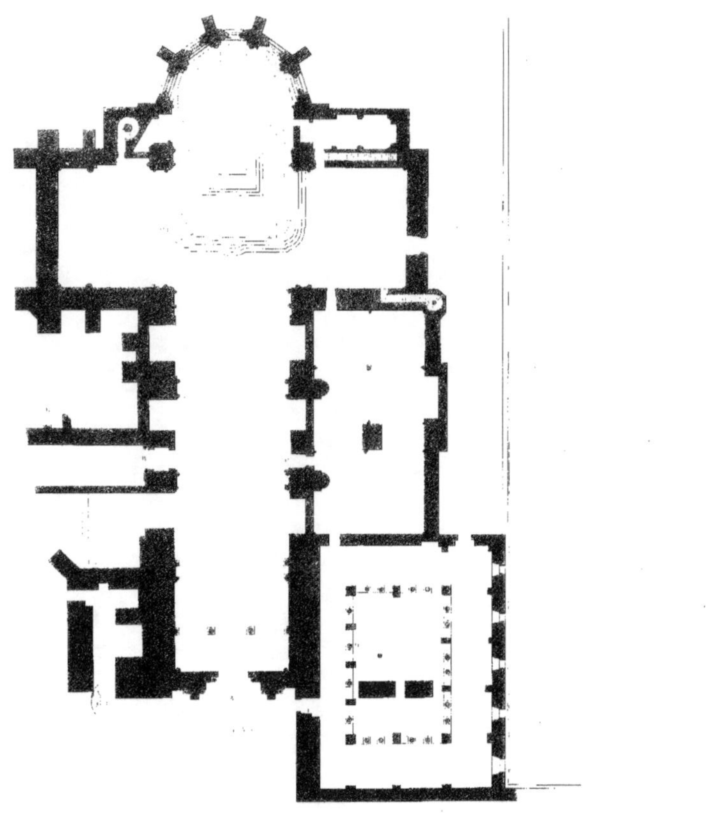

Lith. Thierry frères — Sabatier del.

Restes du Château de St Nazaire
Dauphiné

Ruines du Château de Rochechinard.

Dauphiné

Citadelle de Montelimart

Dauphiné

Eglise St. Marcel

Dauphiné

Imp. par Lemercier

Sabatier del

Église de Grignan.

Dauphiné

Château de Grignan : Côté du Midi.

Dauphiné.

Eug. Cicéri lith. — Imp. par Thierry frères

Chateau de Grignan, coté de la façade des Prélats

Dauphiné

Ruines du Château de Grignan

Dauphiné

Imprimé par Lemercier à Paris

Ruines du Château de Grignan

le Tour de Madame de Sévigné

(Dauphiné)

Sabatier del. — Imp. Lemercier, à Paris

Château de Grignan

Détail de la façade sur la Cour d'honneur

Dauphiné.

Chateau de Grignan, Détails des façades
(Dauphiné)

Grotte de Berge-Cauchière.

Tour de Chamaret

Dauphine

Eug. Cicéri lith. Imp. Thierry Frères Sabatier del.

Ruines du Château de Beaumes de Crussy.

Dauphiné.

Chateau de Suze la Rousse.

Lith. de Thierry frères — Salathier del.

Intérieur de l'Église de St Paul trois Châteaux.

(Drôme)

Aug. Mathieu Sculp. — Lith. de Thierry frères — Sabatier del.

Chœur de l'Eglise S.t Paul. Trois Chateaux.

Dauphiné

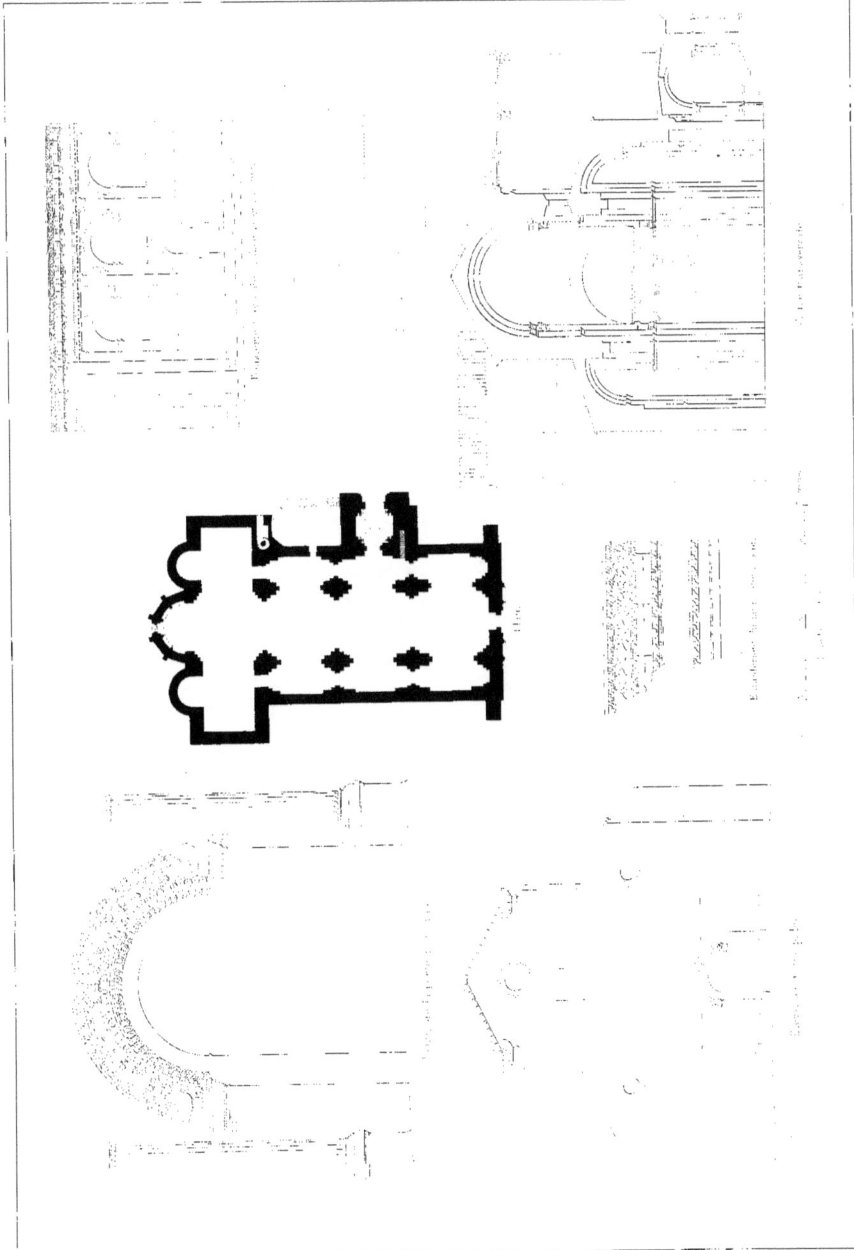

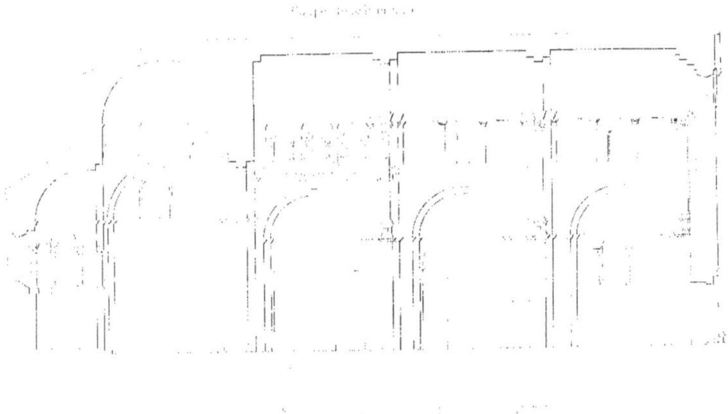

Ruines du Château de la garde Adhemort.

Dauphiné

Imp par Lemercier

Clensayes.

Dauzats

Tour de Clousures Ancien Chateau des Templiers

Dauphiné

Tour de Clansayes Ancien Château des Templiers

Dauphiné

Abbaye de la Trappe d'Aiguebelle

Dauphiné

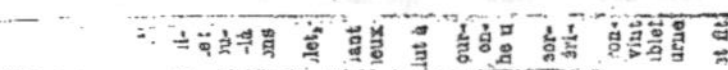

Eglise de l'Abbaye de la Trappe d'Aiguebelle

Prise d'habit d'un Trappiste

Lith. par Aug. Mathieu — Imp. par Lemercier

La lecture du soir ; Abbaye de la Trappe d'Aiguebelle.

Dauphiné.

Mons.

Pont gothique de Nyons
(Drôme)

Restes du Château de Mollans.

Route de Melians à Montbrun _ Montagnes de la Drôme

Dauphiné.

Ruines du Château de Montbrun (Montagnes de la Drome)

Dauphiné

Lith. Thierry frères — Sopetier del.

Porte d'Entrée du Chateau de MontBrun.

Rouergue

www.ingramcontent.com/pod-product-compliance
Lightning Source LLC
LaVergne TN
LVHW020535230826
846091LV00002B/289